Dubbelland

reda

Voor Jaro

Christel van Bourgondië

Dubbelland

tekeningen van Ina Hallemans

Zwijsen

Bolleboosomslag en illustratie achterkant omslag: Gertie Jaquet
Vormgeving: Rob Galema

Boeken met dit vignet zijn op niveaubepaling geregistreerd en
gecontroleerd door KPC Groep te 's Hertogenbosch

1e druk 2004

ISBN 90.276.7691.7
NUR 282

© Tekst: Christel van Bourgondië
Illustraties: Ina Hallemans
Uitgeverij Zwijsen Algemeen B.V. Tilburg

Voor België:
Zwijsen–Infoboek, Meerhout
D/2004/1919/215

Inhoud

1. Olim gaat naar het kasteel met de zeven torens

Dit verhaal begint op de dag dat Olim zijn dubbelganger ontmoet. Op die dag maakt Pol Olim met een lik wakker.

'Hoi Pol,' zegt Olim en aait zijn bruine vriend. 'Wat ben jij vroeg vandaag?'

'Waf, waf,' blaft Pol.

Olim springt uit bed. Hij wil niet dat Pol met zijn geblaf zijn moeder en de baby wakker maakt. Hij zet zijn pet op, pakt zijn katapult en gaat naar buiten.

'Hoi pap,' zegt hij tegen zijn vader die al aan het werk is.

'Hoi jongen,' zegt zijn vader met een hamer in zijn hand. De vader van Olim is hoefsmid. Hij zorgt ervoor dat de paarden nieuwe hoeven krijgen.

Olim gaat naar buiten. Een kar ratelt over de keien. De hoofdstraat van het dorp loopt steil omhoog. Boven op de heuvel ligt het kasteel met de zeven torens. Graag zou Olim eens een kijkje nemen achter de hoge poort. Hoe zou de wereld er vanaf de toren uitzien?

'Morgen Olim.' Olim kijkt op. Eerst denkt hij dat Lap de kleermaker tegen hem praat, maar dan ziet hij dat bakker Bol zijn winkel uitkomt. Lap en Bol lijken enorm op elkaar. Je kunt bijna niet zien wie wie is.

Olim, moet je weten, woont in Dubbelland. In dat land heeft ieder mens een dubbelganger. Een dubbelganger is iemand die precies op een ander lijkt.

Vroeger leken Bol en Lap nog meer op elkaar. Maar omdat Bol de hele dag van de taartjes smult, is zijn buik zo rond als een ballon.

Zo gaat dat in Dubbelland. Als kind lijken de dubbelgangers sprekend op elkaar. Als ze ouder worden, is er altijd wel een verschil te zien.

Olims vader wordt vaak verward met Knip de kapper. Al weet Olim heus wel wie van de twee zijn vader is. Niemand heeft zulke grote handen als zijn vader. En dan nog, er kan maar één vader de echte zijn.

'Morgen Olim,' zegt bakker Bol nog eens luid. 'Loop je te dromen?'

'Nee hoor!' Olim lacht en Pol springt vrolijk tegen hem aan.

'Je komt als geroepen,' zegt de bakker. 'Kun jij me helpen broodjes naar het kasteel te bren-

gen? Mijn knecht ligt ziek op bed. Ik ben te oud
om twee keer de trap op en neer te lopen.'

'Ik help u graag,' roept Olim uit, 'heel graag
zelfs.' En hij denkt: Hoera, nu kan ik het kasteel
van binnen zien.

2. Olim ontmoet Milo

Olim wacht op het plein van het kasteel, terwijl bakker Bol met de kok staat te kletsen. Hij kijkt om zich heen. De muren zijn veel hoger dan hij ooit had kunnen denken. Op het plein lopen wat varkens rond te scharrelen. Pol rent achter een kip aan. Een meid rent weer achter Pol aan.

'Pol, hier!' roept Olim, maar Pol luistert niet.

'Is dat jouw hond?' hoort Olim opeens een stem vlakbij.

Olim draait zich om. Voor hem staat een jongen. Hij is precies even groot als hijzelf. Hij heeft lichte, steile haren die alle kanten opspringen en groene ogen – net als hij. Olim bekijkt de jongen van top tot teen. De jongen bekijkt hem van top tot teen. Ze steken hun handen op. Met hun vingers raken ze elkaar aan. Ze bewegen tegelijk. Even heeft Olim het idee dat hij in de spiegel kijkt. Alleen heeft de jongen andere kleren aan. Een schoon hemd met een stijve kraag. En zijn broek wordt niet met lapjes bij elkaar gehouden, zoals bij hem.

'Jij bent mijn dubbelganger,' zeggen de jongens. Ze knijpen elkaar. Want als je hetzelfde zegt en elkaar knijpt, mag je een wens doen.

'Ik ben Milo,' zegt de jongen.

'En ik Olim,' zegt Olim.

'Waf,' zegt Pol.

'En dit is mijn hond,' zegt Olim snel.

'Ik mag niet met jongens uit het dorp praten,' zegt Milo.

'Waarom niet?' Olim kijkt zijn dubbelganger verbaasd aan. 'Wat is er mis met mij?'

'Mag niet van mijn vader.' Milo haalt zijn schouders op.

Meer kan hij niet zeggen. Want op dat moment klinkt de stem van bakker Bol: 'Olim, we gaan!'

'Ik moet weg,' zegt Olim. 'Pol, hier!' Samen rennen ze het plein op.

'Waar was jij nou, vlegel?' vraagt de bakker en trekt aan Olims oor. Olim kijkt om naar Milo. Die steekt zijn hand op.

De volgende morgen staat Olim vroeg op om bakker Bol te helpen. En zo elke morgen opnieuw, zolang de knecht van de bakker ziek blijft. Als Bol de broodjes naar de keuken van het kasteel brengt, komt Milo naar Olim.

Al snel komt Olim te weten dat Milo de zoon van ridder Radbout is. Olim vraagt Milo van alles over het leven in het kasteel.

'Weet je wat?' zegt Milo. 'Ik laat je gewoon het kasteel zien.'

'Echt?' zegt Olim. 'Mag dat?'

'Tuurlijk niet!' zegt Milo.

'Als Pol nu de wacht houdt?' stelt Olim voor.

'Pol is de beste waakhond die er is.' Meteen bukt hij en zegt streng tegen Pol: 'Zit! Jij blijft hier zitten tot wij terug zijn. Zit.'

Pol laat zijn oren hangen en doet wat hem gezegd wordt.

'Als bakker Bol eraan komt,' gaat Olim verder, 'moet je hard blaffen.'

'Woef,' blaft Pol als teken dat hij het heeft begrepen.

Zo verkennen de jongens elke dag een stukje van het kasteel. Vaak moeten ze schuilen in een donker hoekje, omdat ze niet samen mogen worden gezien. Olim gaat het liefst met Milo naar de kelder. Daar liggen alle wapens. Zwaarden, dolken en lansen glimmen in het donker.

'Kun jij zwaardvechten?' vraagt Olim.

'Nog niet,' zegt Milo. 'Maar ik ga het bijna leren. Ik ga op een ander kasteel wonen en dan

13

word ik page.'

'Page?' vraagt Olim.

'Weet je niet wat dat is?' zegt Milo verbaasd. 'Een page is iemand die leert voor ridder. Ik ben al zeven. Als zoon van een ridder ga je op je zevende naar de school voor ridders. Die school is heel ver weg, op een ander kasteel. Als je erop zit, ben je een page. En ik leer er ook paardrijden.'

'Wat is daar nu aan?' zegt Olim. 'Dat kan ik allang. Mijn vader is hoefsmid. Ik help hem altijd met de paarden. Daarvoor hoef ik heus niet naar de school voor ridders.'

'Wat zou ik graag eens zien hoe het is bij jullie in het dorp,' zegt Milo zachtjes. 'Jij mag al van die grotemensendingen doen. Ik mag niets. Ik mag niet eens hier komen.' Op het moment dat Milo dat zegt, horen ze zware stappen.

'Stil,' fluistert Milo, 'dat is de wachter.'

'Is daar iemand?' zegt de wachter en zijn stem galmt door de ruimte.

'Miauw,' zegt Milo met een hoge stem.

'Een stomme kat.' De wachter draait zich om en loopt weg. De twee vrienden geven elkaar een hand.

'Zo, dat is gelukt,' zegt Milo, maar dan horen ze Pol hard blaffen.

'Olim, lastig jong, waar zit je toch?' horen ze bakker Bol even later roepen.

'Ik kom, ik kom,' roept Olim als ze de gang in rennen. Opeens blijft hij staan. 'Ik heb een idee,' zegt hij tegen Milo. 'Jij wilt toch zien hoe het in het dorp is?'

Milo knikt.

'En ik wil weleens weten hoe het hier is. Laten we een tijdje ruilen.'

Zonder nog een woord te spreken, trekken de jongens elkaars kleren aan. Olim houdt wel zijn katapult, want die heeft hij altijd bij zich om lastige dieren weg te jagen.

'Mijn kleren zitten veel lekkerder,' zegt Olim.

'Maar ze stinken wel,' lacht Milo.

'Olim!' roept bakker Bol.

Olim wil naar hem toe gaan, maar Milo houdt hem tegen.

'Nu ben ik Olim hoor,' zegt hij.

Voor Olim het doorheeft, is Milo weg.

3. Olim heet Milo

Nu ben ik dus Milo, denkt Olim. Wel even wennen. Nu kan ik op mijn gemak een kijkje nemen in het kasteel. Waar zal ik beginnen? Het kasteel is zo groot. Stel dat ik iemand tegenkom? Die ziet vast en zeker dat ik niet de echte Milo ben.

Olim rent de trap op naar de toren. Hijgend komt hij boven. Door een schietgat in de muur kijkt hij naar beneden. Wat is het hier hoog! Onder hem ligt het dorp. Woont hij daar echt? Het is net of het dorp vol speelgoedhuisjes staat. Zijn eigen huis lijkt niet groter dan een dobbelsteen. Heel in de verte ziet hij Milo en bakker Bol lopen.

'Waf waf,' hoort hij als hij het plein weer op komt. Daar staat Pol op hem te wachten. Olim aait hem over zijn kop. Pol is de enige die zich niet voor de gek laat houden.

'Je bent een echte vriend,' zegt Olim tegen Pol.

4. Olim in het kasteel

Het duurt even voor Olim aan zijn nieuwe naam gewend is. Iedereen zegt: 'Hallo, Milo' en 'Hoe gaat het, Milo?'

Een meisje met dikke vlechten houdt hem tegen.

'Wat doet die hond bij jou?' zegt ze. 'Is hij niet van de jongen van de bakker?'

Dit moet Iris zijn, denkt Olim. Iris is de zus van Milo. Milo heeft haar weleens aangewezen.

'Pol vindt mij óók leuk,' zegt Olim snel.

'Kom mee. Het is tijd om te eten,' zegt Iris. Olim loopt achter Iris aan. En dat is maar goed ook. Anders had hij nooit geweten waar de eetzaal is.

Olim kijkt zijn ogen uit. Er staan drie reuzegrote houten tafels in de zaal, met aan beide zijden lange banken. Aan het hoofd, in een grote zetel, zit ridder Radbout. In een hoek van de zaal liggen een paar honden. Ze wachten tot er een bot naar ze wordt gegooid. Pol gromt naar ze.

'Kalm,' zegt Olim zachtjes en aait zijn trouwe

makker over de bol.

'Wat doet die hond toch bij je?' vraagt Iris weer.

'Hij vindt me gewoon aardig, echt.'

'Morgen, Milo,' dreunt er opeens een stem door de zaal. Olim kijkt niet op of om, tot Iris hem aanstoot.

'Vader praat tegen je.'

'Ah, ja, ahum, morgen pa,' zegt hij.

'Morgen heer vader,' zegt Iris en in Olims oor fluistert ze: 'Alleen de mensen van het volk zeggen pa.'

'Ha, mijn lieve dochter,' zegt de man. Dus dat moet ridder Radbout zijn, denkt Olim, dan zit zijn vrouw vast naast hem.

'Morgen mevrouw moeder,' zegt hij en buigt diep, dat lijkt hem wel deftig.

De mensen aan tafel beginnen te lachen. Olim tuurt naar de grond. Iris trekt Olim op de stoel naast zich en wijst naar de andere kant van de tafel.

'Vrouwe moeder zit daar,' zegt ze.

'Hm,' mompelt Olim. Nu hebben ze het vast door. Van opzij kijkt hij naar Iris die juist haar tanden in een appel zet. Ze is best grappig met die bolle wangen.

'Thuis zeggen we gewoon paps en mams.'

Meteen daarna klemt hij zijn lippen op elkaar. Hij kan niet zomaar alles zeggen, want dan verraadt hij zich.

Iris legt een stuk vlees en een homp brood voor Olim neer. Nu pas ziet hij hoeveel eten er op tafel staat. Schalen vol vlees, een half geroosterd varken met een appel in zijn bek. Er staan borden met fruit, manden met brood en kannen vol bier. Zo veel heeft hij nog nooit bij elkaar gezien.

'Wauw wat lekker,' zegt hij, terwijl hij zijn tanden in een stuk vlees zet. Hij likt zijn vingers erbij af.

'Ben je gek,' zegt Iris, 'dat mag niet hoor.' Ze geeft hem een servet, maar Olim heeft een beter idee. Onder de tafel likt Pol zijn handen schoon.

'Wat is er toch met je? Je doet zo vreemd,' zegt Iris zachtjes. 'Volgens mij ben je Milo niet. Wie ben je dan wel?'

'Ga ik jou heus niet vertellen,' zegt Olim.

'Zie je dat ik gelijk heb,' grapt Iris.

5. Met Iris op pad

Nou ja, denkt Olim. Iris weet het nu toch. En hij vertelt van de ruil met Milo. Best prettig om met iemand je geheim te delen.

'Goede grap,' zegt Iris. 'Dus jullie zijn dubbelgangers. Jullie boffen. Ik heb mijn dubbelganger nog nooit ontmoet.'

Vanaf dat moment neemt Iris Olim overal mee naartoe. Ze laat hem alle kamers in het kasteel zien. Ze spelen tikkertje in de gangen en springen van de trappen. Maar het liefst van alles neemt Iris Olim mee naar de tuin. Ze is dol op boompje klimmen, al mag dat niet van haar moeder.

Eén keer heeft ze pech. Ze klimmen net in een boom als Iris' moeder langs loopt.

'Dat doen dames niet,' zegt ze tegen Iris. 'Mee jij.'

Tegen Olim zegt ze.

'Wat doet die hond toch bij jou? Ik dacht dat hij van de jongen van de bakker was.'

Olim wordt rood. Oei, zou ze het doorhebben?

'Dat is Pol,' zegt Iris snel. 'De dubbelganger van de hond van de bakker.'

Dat is een goede smoes van Iris, denkt Olim blij. Hij kan het niet tegen haar zeggen, want Iris moet mee naar binnen. Eventjes draait ze haar hoofd om. Ze knipoogt naar Olim, eerst met haar rechter- en dan met haar linkeroog.

6. Gevangen

Na een poosje heeft Olim het gevoel dat hij altijd al Milo heeft geheten. Daardoor duurt het even voor hij doorheeft, dat de echte Milo zich niet meer laat zien. De knecht van bakker Bol is beter en brengt de broodjes weer.

Olim zou graag even met Milo praten om te weten hoe hij het vindt in het dorp. Of hij al kan paardrijden. Of moeder echt niets van de ruil doorheeft. En hoe het met de baby gaat.

Olim kijkt naar de poort. De wachters, Kris en Kras, lijken precies op elkaar. Als twee standbeelden houden ze de wacht. Niemand kan zomaar het kasteel in of uit. Als Olim probeert weg te komen, schiet het zwaard van Kris omlaag. En anders roept Kras hem wel terug.

'Ach toe, Kras,' zegt Olim liefjes, 'laat me nu voor één keer een kijkje nemen in het dorp.'

'Hm,' bromt Kras, 'geen denken aan.'

'Ach toe, Kris,' probeert Olim het even later bij de ander. 'Als het niet mag, stuur ik Pol op je af.'

Maar Pol kwispelt vrolijk met zijn staart en

Kris knippert niet eens met zijn ogen.

'Wat moet die hond toch bij je?' moppert Kris.

Wat Olim ook probeert, het lukt hem niet het kasteel uit te komen. Olim voelt zich gevangen in het kasteel.

7. Waar is de echte Milo?

Die avond, tijdens het maal, staat ridder Radbout op. 'Vrienden,' zegt hij plechtig. 'Vandaag is mijn broer, ridder Nuno, bij ons.' Hij wijst op de man die naast hem zit en die zo groot is als een reus. 'Ridder Nuno heerst over het land van de Zeven Heuvels.'

Daarna richt hij zich tot Olim.

'Milo,' zegt hij, 'je bent nu al zeven jaar. Het is de hoogste tijd dat jij naar de ridderschool gaat en page wordt. Je gaat wonen in het kasteel bij je oom, ridder Nuno. Daar leer je alles wat je moet weten om ridder te worden.'

Olim slikt. 'Ja heer, vader,' zegt hij zachtjes. Maar hij denkt: nu moet ik Milo snel zien te vinden. Iris kijkt hem verschrikt aan.

'Het kasteel van ridder Nuno ligt ver weg,' gaat ridder Radbout door. 'Hij wil voor de winter thuis zijn, daarom vertrekken jullie morgen vroeg.'

Olim schrikt hier zo van dat hij opspringt en uitroept: 'Ik ben Milo helemaal niet.'

Prompt barst iedereen in de zaal in lachen uit.

'Ach,' hoort hij een vrouw zeggen. 'Wat een schattige smoes. Hij is nog zo klein. Hij wil gewoon niet weg.'

'Maar ik ben Milo niet, echt niet!' Olims stem klinkt wanhopig.

'Stil, Milo,' zegt ridder Radbout. 'Die truc hebben we allemaal weleens uitgehaald met onze dubbelganger. Maar voorzover ik weet, is jouw dubbelganger nog nergens gezien.'

Wel! wil Olim gillen, maar Iris houdt hem tegen. Ze klemt haar hand om zijn bovenarm en zegt zachtjes bij zijn oor: 'We verzinnen wel wat, heus!'

Boos tuurt Olim voor zich uit. De mensen blijven lachen. Olim laat zich weer op de bank vallen.

Dan zegt ridder Radbout dat er die avond een feest zal zijn. Een groot feest ter ere van het afscheid van zijn zoon, Milo. Olim slikt. Het lukt hem nooit om Milo op tijd te waarschuwen.

8. Iris en Siri

Op het plein is het enorm druk. Toneelspelers stoeien met elkaar. Onder een dikke eik oefenen zangers hun stem. Een meid rent achter de kippen aan die straks de pan in moeten.

Olim en Iris zitten op een houten kist en kijken om zich heen.

Even denkt Olim dat hij Iris voorbij ziet lopen. Maar dat kan helemaal niet, want ze zit naast hem.

Een jongen met rode haren houdt een bruine beer aan een ketting vast.

'Kijk eens,' roept Iris uit, 'die jongen is sterk.'

Olim hoort Iris niet eens. Hij stoot haar aan en roept: 'Dáár is je dubbelganger.'

Eén van de meisjes die bij de toneelgroep hoort, lijkt precies op Iris. Iris ziet het nu ook.

'Echt waar,' mompelt ze. Ze springt op en loopt naar het meisje.

'Hoi,' zegt ze. 'Ik ben Iris.'

Het meisje is precies even groot als zijzelf. Ze heeft net zulke bruine ogen en blonde haren. Iris

bekijkt het meisje van top tot teen.

Het meisje bekijkt haar van top tot teen. Ze steken hun handen op. Hun vingers raken elkaar aan. Even heeft Iris het idee dat ze in de spiegel kijkt. Alleen zien de kleren van het meisje er anders uit. Een blauwe, wijde rok en een grijs vestje. Haar lange haren zitten niet netjes in een vlecht bij elkaar, maar zwieren los om haar gezicht.

'Wij zijn dubbelgangers,' zeggen de meisjes en knijpen elkaar.

'Ik ben Siri,' zegt het meisje. 'Ik dans en speel toneel.'

'Dat zou ik ook wel willen,' roept Iris uit.

'Nou,' zegt Siri. 'Soms droom ik ervan op een kasteel te wonen. Het lijkt me best fijn als je rijk bent. Dan hoef je nooit in het bos te slapen als het regent.'

Olim blijft maar om zich heen kijken. Een jongleur houdt met één hand vijf ballen in de lucht. De jongen laat de beer aan de ketting dansen. Olim denkt helemaal niet meer aan Iris en Siri.

9. Kruim de beer is los

Veel tijd om na te denken heeft Olim niet. Er klinkt gegil en gekrijs. Olim ziet de beer langs Kris en Kras rennen. Die springen verschrikt achteruit.

'De beer is los,' schreeuwen ze. 'Grijp hem!'

Pol rent er grommend achteraan, net als de anderen op het plein. De jongen met de rode haren loopt voorop.

'Hier Kruim, hier,' roept hij.

Kruim heeft helemaal geen zin om te luisteren. Hij rent over de ophaalbrug het dorp in. Angstig rennen de mensen weg. Olim niet, die loopt achter de jongen aan. Nu zijn er geen Kris en Kras om hem tegen te houden.

De jongen zegt dat de mensen kalm moeten blijven.

'Als jullie stil zijn,' zegt hij, 'raakt Kruim niet in paniek. Dan kan ik hem sneller vangen.'

De mensen blijven staan. Op zijn vier poten loopt Kruim naar de winkel van bakker Bol. Hij volgt de geur van honingkoeken die uit de winkel opstijgt.

31

Olim staat vlak achter de jongen. Zachtjes komen de mensen uit het dorp dichterbij. Olim kijkt even om. Daar ziet hij een bekende pet tussen de mensen. Zijn eigen pet. Dan moet Milo daar zijn, denkt hij blij. De echte Milo! Olim steekt zijn hand op. Milo wenkt naar Olim, maar die wil eerst nog even zien wat de beer van plan is.

Met zijn kop heen en weer zwaaiend loopt Kruim de bakkerij van Bol in. Hij laat zich op zijn dikke berenbillen vallen, pal voor de berg honingkoeken. Bakker Bol heeft ze speciaal voor het feest gebakken. Met zijn klauwen graait Kruim in de stapel en propt de koekjes naar binnen.

Zachtjes sluipt de jongen met de rode haren van achter op de beer af. Hij wil de ijzeren ketting aan de halsband van de beer haken. Kruim zit lekker te smullen en weet niet wat er achter zijn rug gebeurt. Nog maar een paar stappen en dan kan de jongen de ketting aan de halsband haken.

Maar oh, net op dat moment stapt bakker Bol vanuit de keuken zijn winkel binnen. Hij wordt knalrood.

'Wat moet dat hier?' brult hij tegen Kruim.

'Niet doen!' roept de jongen. 'Pas op! U

maakt hem kwaad!'

Te laat. Kruim rekt zich uit, gaat staan en brult. De jongen springt op de beer af. Mis!

Olim blijft staan. Hij graait in zijn broekzak en haalt er zijn katapult uit. Hij trekt het elastiek naar achteren, legt er een scherp steentje in en mikt op de beer. Zoef, daar scheert het steentje vlak langs de kop van Kruim. De beer schrikt ervan en springt opzij. Olim mikt nog een keer, nu met een zwaardere steen. Ditmaal is het wel raak. Pets, recht tegen de kop van de beer. Die stoot een kreet uit van pijn en valt voorover. Pats, op de stapel koekjes.

De jongen springt op en haakt de ketting aan de halsband. Nu durft iedereen weer dichterbij te komen.

Een poosje later opent Kruim heel langzaam zijn ogen. Versuft ontdekt hij dat hij aan de ketting zit. Hij schudt zijn kop en gaat op zijn vier poten staan. Daarna gaat hij gewoon verder met het oplikken van de kruimels honingkoek.

10. Olim wordt weer Olim

Even weet Olim niet wat er is gebeurd. Het leek alsof alles vanzelf ging. Hij kijkt op als er iemand aan zijn mouw trekt.

'Milo!' roept hij uit.

'Waf,' zegt Pol blij.

'Sst,' sist Milo en grijpt Olim bij zijn arm. Ze rennen ervandoor. Ze mogen niet samen worden gezien. Ze hebben geluk, want er is niemand die op hen let. Alle mensen willen weten hoe het verder afloopt met Kruim en Bol. De bakker weet niet wat hij moet doen. Hij laat Kruim zomaar de vloer schoon likken.

Ondertussen hebben Milo en Olim zich verstopt. Ze staan achter een dikke boom vlak bij de stadswal.

'Dat was knap gemikt,' zegt Milo.

'Ja, best wel, hè?' zegt Olim trots.

'Milo,' zegt Olim, 'je moet morgen weg. Je gaat naar het kasteel van ridder Nuno. Daar is de school voor ridders en daar word je page.'

Van verre horen ze stemmen roepen: 'Milo,

Milo waar ben je?'

De jongens weten dat er niet veel tijd meer is. Snel ruilen ze van kleren. Nu is Milo weer Milo en Olim weer Olim. Olim aait over zijn eigen hemd dat prettig aanvoelt.

'Wat willen ze van me?' vraagt Olim.

'Geen idee,' zegt de echte Milo, 'maar ze roepen mij hoor. Nu ben ik weer Milo.'

'O ja,' mompelt Olim, 'net nu ik aan jouw naam gewend ben.'

'En ik aan de jouwe,' zegt Milo lachend.

De echte Milo heeft nog geen zin om terug te gaan naar het kasteel. Hij heeft Olim zo veel te vertellen: over hoe hij een hoefijzer in het vuur mocht houden. Over de lekkere rijstebrij die Olims moeder maakte. En dat hij voetbalde met de jongens uit het dorp. Bij Olim thuis mocht hij veel meer dan in het kasteel.

Olim bedenkt dat hij wel weer zin heeft om naar huis te gaan. Hij heeft zijn vader en moeder en de baby best gemist. Op het kasteel was het leuk, maar thuis is het nog net iets leuker. Alleen Iris zal hij missen. Het was zo spannend om je met haar te verstoppen in het kasteel.

'Milo!' De stemmen zijn dichtbij. Het geroep van ridder Radbout klinkt boven alles uit.

'Ze mogen ons niet samen zien,' zegt Milo.

Olim kijkt Milo nog een keer aan.

'Jammer,' zegt hij, 'dat je weg moet. Zo'n vriend als jij krijg ik vast nooit meer.'

Pol blaft. Milo aait hem over zijn kop.

'Ja, jammer,' zegt Milo. 'Maar ik weet zeker dat we vrienden blijven.'

'Dag,' fluistert Olim en hij rent ervandoor. Pol rent al voor hem uit.

11. Weer thuis

Er is niemand in huis. Olim kijkt de keuken rond. Op het vuur staat een pot met soep te pruttelen. Met een zucht laat hij zich op een stoel vallen. Nog geen tel later stappen zijn vader en moeder de keuken binnen.

'Heb je het gezien?' roepen ze uit. 'De zoon van ridder Radbout heeft een beer verslagen.'

'Echt?' zegt Olim en probeert heel verbaasd te doen.

'En wist je,' zegt zijn vader er meteen achteraan, 'dat de zoon van ridder Radbout op jou lijkt. Hij kan wel je dubbelganger zijn!'

'O ja,' zegt Olim, die doet alsof hij van niets weet.

'Máár,' zegt zijn vader erachteraan, 'er is maar één Olim.' Hij slaat zijn arm om zijn zoon. 'En één Olim is meer dan genoeg.'

12. Een groot feest

Alle mensen in het dorp zijn welkom op het feest. Ridder Radbout is heel trots op zijn dappere zoon, die een beer heeft verslagen.

Ook Olim loopt weer naar het kasteel. Naast zich hoort hij een dikke vrouw zeggen: 'Vind je het niet knap dat zo'n jongen een beer omver weet te schieten?'

'Ja,' zegt de ander, 'en dat juist op het moment dat de beer hem wilde aanvallen.'

Nou, nou, denkt Olim. De beer wilde alleen maar koekjes eten. Nu vindt hij het wel jammer om weer Olim te zijn. Niemand weet dat in het echt híj de held is van dit verhaal. Alleen Milo weet het, maar die is het feestvarken vanavond.

Niets aan te doen, zegt Olim tegen zichzelf. Zijn pet trekt hij over zijn ogen. Hij wil niet dat iemand hem herkent. Zo loopt hij tussen alle mensen door.

Als Olim hoort dat de muziek begint, loopt hij er snel naartoe. Een jongen huppelt fluitend rond. Een vrouw met een hoge knot, zingt en klapt in haar handen. Olim luistert naar de diepe stem van de vrouw. Haar lied gaat over een dappere ridder.

In een hok ziet hij Kruim zitten. Bakker Bol heeft nog een extra stapel honingkoeken voor hem klaargezet. Kruim zit onder de kruimels, zo lekker vindt hij het.

Olim loopt verder naar de toneelspelers. Het meisje dat zo veel op Iris lijkt, slaat op een trom. Ze zwiert in de rondte. Haar wijde rok zwaait om haar heen. Olim kan zijn ogen niet van haar afhouden. Pol staat vrolijk naast hem te keffen.

Als de muziek ophoudt, komt het meisje naast hem staan.

'Niemand weet dat jij de beer hebt verslagen,' zegt ze. Verbaasd kijkt Olim haar aan.

'Hoe weet jij dat dan?'

'Jaha,' zegt het meisje. 'Dat zou je wel willen weten.'

'Hoe heet je?' vraag Olim weer.

'Siri,' zegt ze en aait Pol over zijn kop.

'Je bent net Iris,' zegt Olim.

13. Afscheid met een knipoog

Vroeg in de morgen staat Olim op. Hij wil naar Milo zwaaien als die wegrijdt. Hij weet niet of hij hem ooit weer zal zien.

Olim klimt op de stadswal, precies op het punt waar Milo langs moet komen. Hij hoeft niet lang te wachten. Ridder Nuno rijdt voorop. Daarna komt Milo. Hij zit bij Kris op het paard. Als de ridder voorbijrijdt, draait Olim snel zijn gezicht weg. Alleen naar Milo zwaait hij. Die steekt zijn duim op, maar zo dat niemand het ziet.

De groep toneelspelers rijdt achter de ridders aan. Siri zwaait naar Olim.

'Dag Milo,' zegt ze zachtjes als ze langsrijdt.

'Dag Siri,' fluistert Olim terug.

'Of ben jij Iris?' vraagt hij zich hardop af.

'Raad maar,' zegt het meisje. Dan knipoogt ze naar Olim, eerst met haar rechter- en daarna met haar linkeroog.

Mag ik ook mee?

Bjorn ging helemaal alleen naar oma. 'Oma gaat mij een
dagje verwennen,' zei hij. 'Mag ik mee?' vroeg Roza de
koe. 'Mag ik ook mee?' vroegen Tobber de hond, Huub de
haan en poes Lola. Het mocht en Bjorn nam ook Carmen
het konijn mee. Zo gingen ze met zessen op weg. Zouden
ze veilig bij oma aankomen?